BEI GRIN MACHT SICH IHR WISSEN BEZAHLT

Ernst Probst

Lozen. Die tapfere Kriegerin der Apachen

GRIN Verlag

Bibliografische Information der Deutschen Nationalbibliothek:

Die Deutsche Bibliothek verzeichnet diese Publikation in der Deutschen National-
bibliografie; detaillierte bibliografische Daten sind im Internet über http://dnb.d-
nb.de/ abrufbar.

Dieses Werk sowie alle darin enthaltenen einzelnen Beiträge und Abbildungen
sind urheberrechtlich geschützt. Jede Verwertung, die nicht ausdrücklich vom
Urheberrechtsschutz zugelassen ist, bedarf der vorherigen Zustimmung des Verla-
ges. Das gilt insbesondere für Vervielfältigungen, Bearbeitungen, Übersetzungen,
Mikroverfilmungen, Auswertungen durch Datenbanken und für die Einspeicherung
und Verarbeitung in elektronische Systeme. Alle Rechte, auch die des auszugsweisen
Nachdrucks, der fotomechanischen Wiedergabe (einschließlich Mikrokopie) sowie
der Auswertung durch Datenbanken oder ähnliche Einrichtungen, vorbehalten.

Impressum:

Copyright © 2014 GRIN Verlag GmbH
Druck und Bindung: Books on Demand GmbH, Norderstedt Germany
ISBN: 978-3-656-67010-0

Dieses Buch bei GRIN:

http://www.grin.com/de/e-book/274179/lozen-die-tapfere-kriegerin-der-apachen

GRIN - Your knowledge has value

Der GRIN Verlag publiziert seit 1998 wissenschaftliche Arbeiten von Studenten, Hochschullehrern und anderen Akademikern als eBook und gedrucktes Buch. Die Verlagswebsite www.grin.com ist die ideale Plattform zur Veröffentlichung von Hausarbeiten, Abschlussarbeiten, wissenschaftlichen Aufsätzen, Dissertationen und Fachbüchern.

Besuchen Sie uns im Internet:

http://www.grin.com/

http://www.facebook.com/grincom

http://www.twitter.com/grin_com

Ernst Probst

Lozen

Die tapfere Kriegerin
der Apachen

Bild auf der vorhergehenden Seite:

Lozen, zu deutsch: „geschickte Pferdediebin“,
Prophetin, Medizinfrau und Kriegerin der Apachen,
Zeichnung von Antje Püpke, www.fixebilder.de

Allen heute lebenden Indianerinnen gewidmet

Tapferer als die meisten Männer

Die Apachen-Indianerin Lozen (um 1840–um 1887), die jüngere Schwester des Kriegsschamanen Victorio (um 1825–1880), tat sich als Prophetin, Medizinfrau, Kriegerin und Pferdediebin hervor. Sie konnte in die Zukunft sehen und den Standort von Feinden hervorsagen. Dank ihres großen Wissens über heilende Eigenschaften bestimmter Pflanzen und Mineralien heilte sie kranke und verwundete Stammesgenossen. Im Kampf gegen Mexikaner und Amerikaner war sie tapferer als die meisten Männer. Beim Pferdediebstahl folgten ihr die Tiere sofort, wenn sie mit ihnen sprach. Ihr abenteuerliches Leben wird in dem Taschenbuch „Lozen. Die tapfere Kriegerin der Apachen" des Wiesbadener Autors Ernst Probst geschildert. Aus seiner Feder stammen die Taschenbücher „Malinche. Die Gefährtin des spanischen Eroberers", „Pocahontas. Die Indianer-Prinzessin aus Virginia", „Cockacoeske. Die Königin der Pamunkey", „Kateri Tekakwitha. Die erste selige Indianerin in Nordamerika", „Sacajawea. Die indianische Volksheldin", „Mohongo. Die Indianerin, die in Europa tanzte", „Lozen. Die tapfere Kriegerin der Apachen", „Sieben berühmte Indianerinnen" und „Superfrauen aus dem Wilden Westen".

Kriegsschamane Victorio (um 1825–1880)
auf einem Foto um 1875

Lozen

Die tapfere Kriegerin der Apachen

Zu den wenigen Frauen bei den Apachen, die als tapfere Kriegerinnen zu Ruhm und Ehre gelangten, gehörte Lozen, zu deutsch: „geschickte Pferdediebin". Als ihr Geburtsjahr werden um 1840, 1843 oder 1848 angegeben, als ihr Todesjahr 1887 oder 1889. Lozen war Stammesmitglied der Chihenne-Apachen (auch Warm-Springs-Apachen genannt), die jüngere Schwester des Kriegsschamanen Victorio (um 1825–1880) und tat sich als Prophetin, Medizinfrau und Kriegerin hervor. Victorio rühmte sie einmal mit den Worten: „Lozen ist meine rechte Hand, stark wie ein Mann, tapferer als die meisten, listig in der Strategie und ein Schild für ihr Volk."

Die Chihenne („Volk der roten Farbe") mit den Bedonkohe („Volk, das an der Grenze zum Feind lebt"), Chokonen („Volk von den Berghängen") und Nednhi („Volk, das Ärger bereitet") werden häufig zusammenfassend als Chiricahua bezeichnet. Der Begriff Chiricahua („Großer ‚Berg" oder „Berg der wilden Truthähne") beruht auf dem Namen des Gebietes, in dem diese Indianer lebten, nämlich der Chiricahua-Bergkette im südöstlichen Arizona. Die Chihenne bildeten die östliche Chiricahua-Gruppe und agierten vollständig unabhängig von den anderen Gruppen der Apachen.

*Chiricahua National Monument
mit skurrilen Felsskulpturen in Arizona*

Der Geburtstag und der Geburtsort von Lozen sind nicht bekannt. In der englischsprachigen „Wikipedia" wird „um 1840" als Geburtsjahr genannt. Dagegen erwähnen der deutsche Autor Alfred Wallon 1843 und die Autorin Gladys L. Knight 1848 als Geburtsjahr. Lozen kam irgendwo im Gebiet von New Mexico/ Arizona/North Mexico zur Welt. Diese Gegend hieß damals Apacheria. Womöglich wurde Lozen in Sichtweite des „Heiligen Berges" bei Ojo Caliente („Heiße Quellen") in New Mexico geboren.

Einige Jahre vor der Zeit, in der Lozen das Licht der Welt erblickte, war Juan José Compas (um 1786–1837) der Anführer der Chihenne-Apachen. Die Chihenne hielten sich oft in den Animas Mountains auf. Zu ihnen kamen zeitweise Mexikaner mit indianischen Sklaven, die nach Gold suchen mussten.

Weil die Apachen von 1820 bis 1835 bei Überfällen schätzungsweise 5.000 Mexikaner töteten, rund 100 Siedlungen zerstörten und mehr als 4.000 Siedler zwangen, die gefährdete Region in Mexiko zu verlassen, setzte der mexikanische Staat Sonora eine Prämie auf Apachen-Skalps aus. Für den Skalp eines männlichen Indianers ab 14 Jahren gab es 100 Peso, für den einer Frau 50 Peso und für den eines Kindes 25 Peso.

Im April 1837 verloren beim so genannten „Johnson Massaker" in New Mexico rund 20 Apachen, darunter der Anführer Juan José Compas sowie Frauen und Kinder, ihr Leben. Weitere 20 Apachen erlitten Verletzungen. Dieses blutige Ereignis wird von Historikern sehr unterschiedlich geschildert.

Foto auf Seite 11:

Das „Johnson-Massaker" im April 1837
ereignete sich in der Gegend des Animas Valley in New Mexico.
Typisch für diese Landschaft ist eine Mischung
aus Wüsten und schroffen Bergen.

10

Das „Johnson-Massaker" ist nach dem weißen amerikanischen Pelzhändler John Johnson aus Missouri benannt, der ab 1827 in Oposura im mexikanischen Staat Sonora lebte und als „Johnson von Oposura" bekannt wurde. In der Literatur wird Johnson manchmal als Skalpjäger und Gesetzloser bezeichnet.

Der Ort Oposura änderte 1828 seinen Namen in Moctezuma um. 1835 heiratete Johnson die Mexikanerin Delfina Gutiérrez. Aus der Ehe gingen vier Söhne hervor.

Im Frühjahr 1837 überfielen von Juan José Compas angeführte Apachen einen Ort etwa 30 Meilen nördlich von Moctezuma. Darüber gerieten auch die Einwohner von Moctezuma in helle Aufregung, als eine Gruppe von Händlern aus Missouri einritt. Die Händler waren Freunde von John Johnson und beklagten sich bei diesem über den Diebstahl ihrer Pferde und Maultiere durch die Apachen.

Johnson schlug vor, die entwendeten Tiere von den Apachen zurückzuholen und erhielt hierfür die Erlaubnis der Regierung. In Moctezuma zogen 17 weiße Amerikaner und fünf mexikanische Maultiertreiber in Richtung Norden los. Beim Militär in Fronteras gab man diesem Trupp zwar keine von den dort stationierten 100 Soldaten mit, lieh aber ein Artilleriegeschütz aus, das zerlegt und auf Maultiere gepackt wurde.

Bald erkannte Johnson an Signalfeuern auf Hügeln, dass die Apachen über die Anwesenheit seines Trupps wussten. Deswegen rastete der Trupp und beriet, was zu tun sei.

Als sich Juan José Compas mit seinen Kriegern näherte, erklärte man ihm, bei dem Trupp handle es sich um Händler, die mit ihren Waren ins rund 75 Meilen entfernte Rita del Cobre unterwegs seien und bot ihm an, mit den Apachen zu handeln.

Juan José Compas ging auf diesen Vorschlag ein. Die Beratungen zwischen den Händlern und den Apachen zogen sich drei Tage dahin. Während dieser Zeit bemerkte Johnson, dass sich die Apachen für einen Angriff auf seine Truppe vorbereiteten.

In der Not kam jemand aus der Truppe von Johnson auf die Idee, den Apachen mit einem Überfall zuvorzukommen. Als ungefähr 80 indianische Männer, Frauen und Kinder erfreut Mehl, Decken, Sättel und Whyskey betrachteten und aufteilten, feuerten die Weißen mit dem Artilleriegeschütz und ihren Gewehren auf sie. Unter den rund 20 Toten waren außer dem Anführer Juan José Compas auch dessen Bruder Juan Diego und der Anführer Marcelo.

Als Beweisstücke für die Tötung der Apachen nahm Johnson mehrere Skalps der Indianer mit. Für ihn war dieses Massaker aber kein gutes Geschäft, wie oft fälschlicherweise behauptet wird. Er erhielt eine Belohnung von insgesamt 100 Peso und den offiziellen Dank der Regierung in Sonora. Keineswegs aber strich er 100 Peso für den Skalp eines jeden getöteten Indianerkriegers, 50 Peso für jede Indianerfrau und 25 Peso für jedes Indianerkind ein. Dafür hatte die stark verschuldete Regierung in Sonora damals gar nicht genügend Geld, heißt es.

Sohn von Mangas Coloradas (um 1793–1863)
auf einem Foto von 1884

Stattdessen verlor Johnson seine Waren, musste seine Leute bezahlen und die Rache der Apachen fürchten. Ungeachtet dessen überwiegt in Schilderungen des „Johnson-Massakers" die Empörung über den feigen weißen Mann und die Sympathie für die bemitleidenswerten Apachen.

Neuer Anführer der Chihenne-Apachen nach dem „Johnson-Massaker" wurde der hünenhafte Mangas Coloradas (um 1793–1863), zu deutsch „rot gefärbte Ärmel", der angeblich mehr als zwei Meter groß gewesen sein soll. Er beschloss, Rache an jenen „Weißaugen" zu nehmen, die seine Stammesgenossen beim „Johnson-Massaker" ermordet hatten. Mehr als 100 seiner Krieger gingen auf den Rachefeldzug und nahmen dabei weiße Amerikaner und Mexikaner gefangen. Die Gefangenen wurden von den Müttern, Ehefrauen und Töchtern der ermordeten Chihenne-Apachen getötet, unter Pferdehufen zermalmt, erschlagen oder mit Messern in Stücke gehackt.

Von 1846 bis 1848 tobte der „Mexikanisch-Amerikanische Krieg", bei dem die Truppen der USA verschiedene Schlachten im Norden von Mexiko gewannen. Durch den „Vertrag von Guadalupe Hidalgo" fielen die nördlichen mexikanischen Provinzen an die USA. Die Chiricahua-Indianer betrachteten die Amerikaner zunächst als ihre Befreier, Freunde und Verbündete gegen die verhassten Mexikaner. Doch als man in Arizona Gold und Silber entdeckte und ein Run der Amerikaner auf diese Edelmetalle einsetzte, gab es immer mehr Spannungen.

*Joseph Rodman West (1822–1898),
von 1871 bis 1877 US-Senator von Louisiana,
auf einem zwischen 1870 und 1880
entstandenen Foto*

16

1861 löste die so genannte „Bascom-Affäre" den letzten Krieg des Apachen Cochise gegen die US-Armee aus. Der zwischen 1810 und 1823 geborene Cochise, auch Cheis oder A-da-tli-chi („Hartholz") genannt, war ein Anführer (Nantan) der Chihuicahui-Lokalgruppe der Chokonen. Cochise wurde von dem jungen, karrieresüchtigen Lieutenant George Bascon fälschlicherweise beschuldigt, Vieh gestohlen und einen weißen Jungen entführt zu haben. Doch Cochise gelang eine dramatische Flucht. Weil ein Teil seiner Familie in Geiselhaft kam, nahm Cochise im Gegenzug einige Weiße gefangen. Als Lieutenant Bascom einen Gefangenenaustausch ablehnte, töteten die Apachen ihre weißen Geiseln. Bacon ließ daraufhin drei männliche Verwandte von Cochise aufhängen. Diese Vorfälle lösten eine neue Kriegsphase zwischen Chokonen und Amerikanern aus.

Anfang 1863 erschien der rund 70 Jahre alte Häuptling Mangas Coloradas im „Fort McLane" im Südwesten von New Mexico zu Friedensverhandlungen. Der dortige Befehlshaber Colonel Joseph R. West (1822–1898) befahl, dafür zu sorgen, dass Mangas Coloradas die Nacht nicht überlebe. In der Nacht des 18. Januar 1863 folterte man den alten Häuptling mit erhitzten, glühenden Bajonetten an den Beinen und Füßen und erschoss ihn anschließend „auf der Flucht". Der Leichnam wurde skalpiert und außerhalb des Forts verscharrt. Am nächsten Tag ließ der Feldarzt, Captain David B. Sturgeon, die Leiche exhumieren und enthaupten. Den Kopf präparierte er für den

*Cochise war mit „Aos-Teh-Seh", einer Tochter
von Mangas Coloradas, verheiratet sowie der Vater von
Taza (1842–1876) und Naiche (um 1856–1919)*

Phrenologen Orson Squire Fowler (1809–1887) in New York. Nach dem Tod von Mangas Coloradas war Cochise einer der einflussreichsten Anführer der Chiricahua. Er führte rund ein Jahrzehnt lang Krieg gegen die Amerikaner. Dank Vermittlung des amerikanischen Postreiters und ehemaligen Scouts Tom Jeffords, mit dem Cochise freundschaftlich verkehrte, kam es 1872 zu Friedensverhandlungen mit General Oliver Otis Howard (1830–1909). Howard hatte den Ruf, fair mit Indianern umzugehen. Er handelte mit Cochise einen Friedensvertrag aus, der den Bedonkohe ein eigenes Reservat zuerkannte. Der bei Freund und Feind als aufrichtiger Mann geachtete Cochise starb im Juni 1874. Zwei Jahre nach seinem Tod löste man 1876 das den Chokonen zugesagte Reservat auf. Wie andere Apachenstämme wurden auch sie in die „San Carlos Apache Reservation" im südöstlichen Arizona umgesiedelt. Naiche (zwischen 1856 und 1858–1919), einer der beiden Söhne von Cochise, widersetzte sich zusammen mit anderen Apachen dieser Umsiedlung und schloss sich Geronimo, dem Schamanen und Kriegshäuptling der Bedonkohe, an. Unter Geronimo führten die wenigen noch kämpfenden Apachen einen aussichtslosen Guerillakampf gegen die US-Truppen. Bereits im frühen Alter zeigte Lozen keinerlei Interesse daran, Aufgaben zu übernehmen, wie sie damals andere Mädchen oder Frauen ihres Stammes hatten. Von ihrem Bruder Victorio lernte sie schon mit sieben Jahren das Reiten und war bald einer der besten Reiter im Stamm. Es heißt über sie, sie habe die rauen Spiele der Jungen

Foto oben: General Oliver Otis Howard (1830–1909)

Foto auf Seite 21:
Naiche (um 1856–1919), der Sohn von Cochise,
um 1884 mit Ehefrau

Lozen, zu deutsch: „geschickte Pferdediebin",
Prophetin, Medizinfrau und Kriegerin der Apachen,
Zeichnung von Antje Püpke, www.fixebilder.de

geliebt. Schon im Kindesalter lernte sie, mit dem Gewehr, Pfeil und Bogen sowie mit dem Messer umzugehen. Mädchen und junge Frauen sollten ihren Stamm vor Angreifern schützen, wenn sich die männlichen Krieger auf einem Raubzug befanden und das Lager von anderen Feinden attackiert wurde.

Viele indianische Krieger wollten angeblich die junge Lozen als Squaw gewinnen. Sie schickten Boten zu Victorio und baten diesen, seine Schwester zur Frau nehmen zu dürfen. Doch die stark Umworbene erhörte keinen von ihnen. Als sie etwa 16 Jahre alt war, kam – laut Legende – ein Fremder in ihr Dorf, der im Westen geeignetes Land für seine Leute suchte und in den sich Lozen unsterblich verliebte. Doch der Fremde verließ das Dorf wieder und die enttäuschte Lozen schwor, nie zu heiraten und brach diesen Schwur nie.

Beim Umgang mit Pferden, Wettlauf, Lassowerfen und Pferdestehlen war Lozen vielen Kriegern ihres Stammes überlegen. Beim Pferdediebstahl sollen ihr die Tiere sofort gefolgt sein, wenn sie mit ihnen sprach. Lozen trug Männerkleidung und machte sich keine Sorgen um ihr Aussehen. An ihrer Aufmachung konnte man nicht auf den ersten Blick erkennen, dass sie eine Frau war.

Für ihren Stamm leistete Lozen als weise Schamanin, tüchtige Medizinfrau und tapfere Kriegerin wertvolle Dienste.

Angeblich konnte Lozen in die Zukunft sehen. Sie prophezeite ihrem Stamm nicht nur Schlachtenglück gegen die Weißen, sondern auch Niederlage und Untergang voraus. Außerdem besaß sie die Gabe, den

Standort von Feinden vorherzusagen. Wenn sie kurz vor einem Kampf auf einem Hügel stand, ihre Arme ausbreitete, singend um den Beistand des Gottes Usen betete und sich im Kreis drehte, bis ihre Hände zitterten, wusste sie, wo sich der Feind aufhielt. Die Chihenne-Apachen verehrten Lozen als heilige Frau und nahmen sie in den Rat der Krieger auf. Sie beteiligte sich an den Tänzen, Gesängen und Gebeten der Krieger.

Als erfahrene Medizinfrau verfügte Lozen über ein umfangreiches Wissen über die heilenden Eigenschaften bestimmter Pflanzen und Mineralien. Wenn sie an der Seite ihres Bruders Victorio mit den Kriegern in den Kampf zog, warnte sie vor Hinterhalten und heilte verwundete Stammesbrüder. Angeblich konnte sie feindliche Angriffe sogar Tage im Voraus spüren. Eines Tages soll sie den Angriff amerikanischer Truppen vorhergesagt und so zahlreichen Stammesangehörigen das Leben gerettet haben.

Lozens Bruder wurde nur von den Weißen als Victorio (spanisch: „Der Sieger" oder „Der Siegreiche") bezeichnet. Er selbst dagegen nannte sich Bidu-ya oder Beduiat. Victorio galt als ein Befürworter des Friedens, bis die US-Armee 1877 seinen Stamm in die unwirtliche „San Carlos Apache Indian Reservation" im südöstlichen Arizona umsiedelte. Die „San Carlos Apache Indian Reservation" lag direkt in der Wüste, dort gab es kein Wasser und keine Nahrung. Deshalb waren die in der Reservation lebenden Chihenne-Apachen stark von unregelmäßigen Lebens-mittellieferungen der US-Armee abhängig.

1880 flüchtete Victorio mit halbverhungerten Chihenne-Apachen aus der „San Carlos Apache Indian Reservation". Die Flucht soll mit Pferden erfolgt sein, die Lozen gestohlen hatte. Ab dieser Zeit wurde Victorio zum Rebellen und zum Anführer von etwa 250 Kriegern, unter denen sich neben Chihenne auch Bedonkohe und einige Comanchen befanden. Außerdem schlossen sich Victorio rund 250 Mescalero-Apachen, von denen rund 60 bis 80 Krieger waren, unter ihrem alten Häuptling Caballero an.

Von sicheren Stützpunkten in Mexiko aus unternahm Victorio mit seinen Kriegern immer wieder Kriegszüge nach New Mexico und Texas. Bei diesen Unternehmungen wurde geplündert, getötet und grausam gefoltert. 2.000 amerikanische Soldaten, 2.000 mexikanische Soldaten, Hunderte von Freiwilligen sowie indianische Hilfstruppen der Tarahumara, Pima und Chiricahua-Scouts jagten erbarmungslos die Apachen. Bei einem Kampf der Indianer mit verfolgenden amerikanischen Kavalleriesoldaten führte Lozen verängstigte Frauen und Kinder mutig durch das tosende Wasser des Grenzflusses Rio Grande. Dabei saß sie auf ihrem Pferd, hielt ihr Gewehr hoch über ihrem Kopf und feuerte die Frauen und Kinder an, über den reißenden Fluss zu fliehen. An dieser Stelle war der Rio Grande zwar nicht sehr tief, aber seine Strömung sehr stark. Ein alter, ermüdeter Indianer konnte sich nicht mehr auf dem Rücken seines Pferdes festhalten und wurde von der Strömung mitgerissen. Nur noch kurz ragte eine Hand aus dem Wasser, dann tauchte sein

Körper unter und verschwand in den Fluten. Das andere Ufer des Rio Grande lag auf mexikanischem Boden, wohin sich die amerikanischen Verfolger nicht wagten. Bei der abenteuerlichen Flucht über den Rio Grande fiel Lozen bei einem Blick nach hinten die hochschwangere Tashea auf, die sich über den Rücken ihres Pferdes krümmte und laut stöhnte. Tashea war zu diesem Zeitpunkt bereits Witwe, weil ihr Mann bei Kämpfen mit amerikanischen Soldaten in einem zerklüfteten Canyon sein Leben verloren hatte. Um ihr zu helfen, wendete Lozen ihr Pferd und begleitete sie langsam durch den Fluss.

Kurz nachdem sie am anderen Ufer in Mexiko angekommen waren, brachte Tashea mit Hilfe von Lozen einen Jungen zur Welt, den die junge Mutter Delshay nannte.

Lozen kannte das Land der Mexikaner jenseits des Rio Grande von früheren Überfällen auf Ranchos, Viehdiebstählen und Plünderungen her. Unter allerlei Abenteuern setzte sie die Flucht mit der jungen Mutter und deren neugeborenem Kind fort. Über ihr Ziel gibt es in der Literatur unterschiedliche Angaben. Laut einer Version zogen sie durch die Chihuahua-Wüste von Mexiko in die „Mescalero Apache Reservation". Nach einer anderen Version wollten sie zu den Bergketten der Sierras und dort Victorio und die anderen Stammesangehörigen suchen. Ihr gefährlicher Weg führte durch ein Gebiet, in dem mexikanische Grenzpolizisten (Rurales) und amerikanische Freiwilligen-Milizionäre unterwegs waren. Weil ein Schuss ihre Anwesenheit verraten hätte, tötete Lozen ein Rind mit ihrem Messer und schlachtete das Tier, um Fleisch zu beschaffen. Als ein Puma eines ihrer beiden Pferde tötete und danach sogar Tashea und ihr Baby angriff, erschoss Lozen diese Raubkatze. Danach fing sie das in Panik vor dem Puma geflohene zweite Pferd wieder ein. In einer Nacht schlich sich Lozen in ein Lager von Mexikanern, die in Arizona etliche Pferde gestohlen hatten, riss einen Wächter nieder, presste ihm eine Hand auf den Mund, hinderte ihm am Schreien und stach ihm ihr Messer in den Hals. Dann stahl sie eines der Pferde und jagte die übrigen davon.

Kurz vor dem Wiedersehen mit Tashea und Baby erkannte Lozen zwei gedrungene Gestalten mit jeweils einem Gewehr in der Hand. Davon bemerkten die junge Mutter und ihr Kind allerdings nichts, weil sie fest schliefen. Bei den beiden Männern handelte es sich um zwei Krieger der Chihenne-Apachen, die Victorio als Späher ausgesandt hatte. Kurz danach gab es ein freudiges Wiedersehen zwischen Lozen, Tashea, Baby Delshay und dem Stamm der Chihenne. Von Lozen erfuhren Victorio und andere Krieger, dass sie von mexikanischen Soldaten und einem Trupp von „Weißaugen" verfolgt wurden.

Am 14. Oktober 1880 erlitten die Chihenne-Apachen beim Kampf mit mexikanischen Soldaten unter Kommandant Joaquin Terrazas (1829–1901) und Tarahumara-Indianern in den Tres Castillos Hills in der Provinz Chihuahua in Mexiko, bei dem Lozen nicht anwesend war, eine schwere Niederlage: Victorio und

Mexikanischer Kommandant
Joaquin Terrazas (1829–1901)

78 seiner Krieger verloren ihr Leben, ältere überlebende Indianer wurden erschossen, 68 junge Frauen und Kinder gerieten in Gefangenschaft und wurden in Mexiko als Sklaven verkauft.

Nur 17 von den Apachen, welche die letzten Tage von Victorio erlebt hatten, konnten entkommen. Darunter befand sich die heldenmutige Kriegerin Gouyen (1857–1903), zu deutsch: „Die, die klug ist". Deren erster Mann hatte in den 1870-er Jahren bei einem Überfall der Comanchen sein Leben verloren. Gouyen folgte dem Krieger, der ihren Mann getötet hatte, bis in sein Lager. Als sie ihn mit dem Skalp ihres Mannes am Gürtel beim Tanz um ein Lagerfeuer erblickte, reihte sich Gouyen verkleidet in den Kreis der Tanzenden ein. Ihr gelang es, den betrunkenen Comanchen an einen abgelegenen Ort zu locken, wo sie ihn mit seinem eigenen Messer tötete. Gouyen ritt zurück zu den Apachen und zeigte ihren Schwiegereltern triumphierend den Skalp und die Kleidung des getöteten Comanchen zum Beweis für ihre geglückte Rache. Zweiter Ehemann von Gouyen wurde später in der „San Carlos Apache Indian Reservation" der Apache, Anführer und spätere Scout Jacob Kaytennae (um 1858–1918), der in den frühen 1880-er Jahren Mitglied der „Bands" von Geronimo und Nana war.

Nach ihrer Ankunft mit der Mutter und deren Neugeborenem erfuhr Lozen in der „Mescalero Apache Reservation", ihr Bruder Victorio sei in einen Hinterhalt geraten und dabei gestorben. Gemäß der Tradition der Apachen sollen sich Victorio und seine Kampfgefährten

Scout Jacob Kaytennae (um 1858–1918)
mit Ehefrau Gouyen (1857–1903, links) und Kind (vorne)
und alleine (Foto Seite 31)

31

Häuptling Nana (um 1800–1896) um 1886

lieber in ihr eigenes Messer gestürzt haben, als in die Hände der mexikanischen Soldaten zu fallen.

Lozen wollte ihren überlebenden Stammesangehörigen helfen, verließ sofort die „Mescalero Apache Reservation", ritt allein nach Südwesten durch die Wüste und musste darauf achten, nicht durch mexikanische oder amerikanische Militärpatrouillen entdeckt zu werden. In der Sierra Madre im Nordwesten von Chihuahua traf sie ihren dezimierten Stamm wieder, den jetzt der alte Patriarch Nana anführte. Mit Nana und einer Handvoll Krieger beteiligte sich Lozen 1881 an einem zweimonatigen blutigen Rachefeldzug („Nana's Raid") des rund 80 Jahre alten Häuptlings Nana (um 1800–1896) im südwestlichen Mexiko. Nana erklärte kurz vor Beginn dieser Kämpfe über Lozen, obwohl sie eine Frau sei, gebe es keinen Krieger, der mehr wert sei als die Schwester von Victorio.

1885 brach Geronimo (1829–1909), der Schamane und Kriegshäuptling der Bedonkohe, zusammen mit 140 Anhängern, darunter Naiche, der Anführer der Chiricahua-Apachen, sowie die Kriegerin Lozen, aus der „San Carlos Apache Indian Reservation" aus. Geronimo ist die spanische Form des Namens Hieronymus. Eigentlich hieß Geronimo aber Goklayeh, zu deutsch „einer, der gähnt". Diesen ungewöhnlichen Namen hatte sein Vater gewählt, da der Junge immer sehr müde war und oft gähnte. Vor dem Ausbruch aus der Reservation hatten Gerüchte die Runde gemacht, die Anführer der Apachen sollten in Alcatraz eingesperrt werden.

Geronimo mit Kriegern. Von links nach rechts:
Yanozha (Schwager von Geronimo), Chappa (Sohn
der zweiten Frau von Geronimo), Fun (Halbbruder
von Yanozha) und Geronimo, Foto von 1886

Camp der Krieger von Geronimo am 27. April 1886
in der Zeit vor der Kapitulation.
Außer den erwachsenen Männern halten auch Kinder
jeweils ein Gewehr in ihren Händen.

*Geronimo (1829–1909), Schamane und Kriegshäuptling,
auf einem Foto von 1887*

Zeitweise jagten mehr als 5.000 Soldaten, 250 Indianer-Scouts und der aus Deutschland stammende Chefscout Al Sieber (1843–1907) in Arizona und New Mexico den „Tiger der menschlichen Rasse" bzw. „das wilde Tier", wie Geronimo von Zeitungen genannt wurde. Mitte Juli 1886 erhielt Lieutenant Charles B. Gatewood (1853–1896) den Auftrag, Geronimo und seine Leute zu suchen. Zu seinen Begleitern gehörten der Dolmetscher George Wratten, die indianischen Scouts Kayitah und Martine sowie der Packer Frank Huston. Nach einigen Wochen kam der Lieutenant in ein Militärcamp der US-Arme in Fronteras (Sonora, Mexiko). Dort erfuhr er, zwei Indianerinnen aus dem Lager von Geronimo, bei denen es sich vermutlich um die Kriegerinnen Dahteste und Lozen oder Ejonah handelte, hätten eine Nachricht von Geronimo überbracht. Der Kriegsschamane sei zu einem Treffen bereit, hieß es.

Am 24. August 1886 trafen Lieutenant Gatewood und seine Begleiter im Lager von Geronimo am Ufer des Flusses Bavispe unweit von Fronteras an der mexikanischen Grenze ein. Gatewood besprach in den folgenden Tagen mit Geronimo die Bedingungen für eine Kapitulation. Der Kriegsschamane war dazu bereit, für zwei Jahre nach Florida ins Exil zu gehen und danach in seine Heimat Arizona zurückzukehren. Doch er wollte sich nur General Nelson Appleton Miles (1839–1925), ergeben, der die Kapitulationsbedingungen bestätigen sollte. Miles hatte einige Monate zuvor den bei der Verfolgung von Geronimo glücklosen General George Crook (1828–1890) abgelöst.

Chefscout Al Sieber (1843–1907)

Lieutenant Charles B. Gatewood (1853–1896)

General Nelson Appleton Miles (1839–1925)

General George Crook (1828–1890)

Captain Henry Ware Lawton (1843–1895)
auf einem Foto um 1899

Zu einem Treffen zwischen General Miles sowie den Apachen Geronimo und Naiche kam es am 4. September 1886 im westlichen Abschnitt des Skeleton Canyon auf amerikanischem Gebiet, etwa 30 Meilen nördlich der mexikanischen Grenze. Der General bestätigte die Bedingungen und Geronimo kapitulierte. Auf Geronimo war inzwischen ein Kopfgeld von über 2.000 US-Dollar ausgesetzt worden. Zuletzt bestand seine Gruppe nur noch aus 20 Männern, 14 Frauen und zwei Kindern.

Das letzte Aufgebot von Geronimo bestieg am 8. September 1886 unter den Klängen einer amerikanischen Militärkapelle einen Zug, der die Kriegsgefangenen nach Florida brachte. Dort war „Fort Marion" in St. Augustine, das alte spanische „Castillo de San Marcos", als Internierungslager vorgesehen. Als Bewacher dienten 20 Soldaten der „4th Cavalry" unter dem Befehl von Captain Henry Ware Lawton (1843–1895). Während der Fahrt nach Florida entstand bei einer Pause am 10. September 1886 unweit des Nueces River in Texas ein Foto, das die gefangenen Indianer vor dem Zug sitzend zeigt. In der Literatur wird zuweilen behauptet, in der dritten Reihe hätten Lozen und rechts neben ihr die Kriegerin Dahteste (um 1860–1955) von den Mescalero-Apachen gehockt. Doch in der Beschreibung dieses historischen Fotos in dem Buch „27 Jahre Kriegsgefangenschaft. Geronimo und der Apachen Widerstand" von Gregor Lutz wird nur der Krieger Ahnandia erwähnt, dessen zweite Frau Dahteste nicht zu sehen ist. Dort, wo angeblich Lozen und

Die beiden Fotos auf Seite 44 oben werden in der Literatur oft fälschlicherweise den Kriegerinnen Lozen (links) und Dahteste (rechts) zugeschrieben. Dabei handelt es sich um Ausschnitte aus einem Foto (siehe Seite 45), das gefangene Apachen bei einer Pause während der Fahrt nach Florida am 10. September 1886 unweit des Nueces River in Texas vor dem Zug sitzend zeigt. In Beschreibungen dieses historischen Fotos wird zuweilen behauptet, in der dritten Reihe hätten Lozen und rechts neben ihr die Kriegerin Dahteste von den Mescalero-Apachen gehockt. Dort, wo angeblich Lozen und Dahteste gesessen haben sollen, sind vermutlich Biyaneta, die Frau des Kriegers Perico (um 1852–1934), und Nohchlon (1870–1888), die 15-jährige Frau des Kriegers und Geronimo-Sohnes Chappo (um 1867–1894), abgebildet. Geronimo befindet sich in der ersten Reihe als Dritter von rechts.

45

Dahteste sitzen sollen, werden in dem erwähnten Buch Biyaneta, die Frau des Kriegers Perico (um 1852–1934), und Nohchlon (1870–1888), die 15-jährige Frau des Kriegers und Geronimo-Sohnes Chappo (um 1867–1894), genannt. Merkwürdigerweise wird Dahteste in der Namensliste von Geronimos letztem Aufgebot, die am 12. September 1886 dem amerikanischen Kriegsministerium zuging, erwähnt, Lozen aber nicht.

Lozen soll mit der femininen und gut aussehenden Dahteste sehr eng befreundet gewesen sein. Obwohl sie Kinder hatte, nahm die als Scharfschützin bekannte Dahteste aktiv an Überfällen und Schlachten mit weißen Amerikanern und Mexikanern teil. Weil sie gut spanisch sprach, diente sie Geronimo oft als vertrauenswürdige Gesandte und Unterhändlerin. Später verstand sie auch Englisch. Während der Kriegsgefangenschaft in „Fort Marion" (Florida) trennte sich Dahteste von ihrem Mann Ahnandia (gestorben 1892). Dort überlebte sie auch eine Lungenentzündung und Tuberkulose. Nach dem Aufenthalt in „Fort Marion" kamen Dahteste und andere Kriegsgefangene nach „Fort Sill" in Oklahoma. Dahteste heiratete den Scout „Hugh" Coonie (Kuni) und zog 1913 mit ihm in die „Mescalero Apache Reservation" in New Mexico, wo beide erfolgreich Schafzucht betrieben.

Im Jahre 1886 geriet auch die Familie der erwähnten Apachenkriegerin Gouyen durch die US-Armee in Kriegsgefangenschaft. Wie andere Apachen aus der Gefolgschaft von Geronimo kam sie zunächst in das

„Fort Marion" in Florida" und später in das „Fort Sill"
in Oklahoma, wo sie 1903 starb.

Florida war 1819 von Spanien an die USA abgetreten
worden. Danach hatte man die Lagerräume von „Fort
Marion" teilweise zu Gefängniszellen umgebaut. Ab
1837 wurden immer wieder gefangene Indianer in die
feuchten und unterirdischen Kasemattenkammern
gesteckt.

Für die Apachen war die Kriegsgefangenschaft in „Fort
Marion" eine Qual. Erstmals schränkten dicke Mauern
einer Festung ihre Freiheit ein. Als ungewohnt erwies
sich dort auch das Klima. Die Apachen waren in ihrer
Heimat in den Bergen im südwestlichen Arizona ein
trocken-heißes Klima gewohnt. In Florida dagegen sind
sie in einem feuchten und heißen Klima mit häufigen
Gewittern ausgesetzt gewesen. Während der Hurrican-
Saison zwischen Juni und September tobten tropische
Stürme. Erschwerend kam hinzu, dass „Fort Marion"
für die große Anzahl von zeitweise insgesamt fast 400
Chiricahua-Apachen nicht ausgerichtet war. Es gab zu
wenig Toiletten, Latrinen und Waschgelegenheiten. Bald
nach dem Eintreffen litten die ersten Apachen an Malaria
oder Tuberkulose. Nicht zum Besten stand es mit der
Verpflegung der Kriegsgefangenen. Die Essensrationen
reichten nicht aus. Jungen Männern, die für Arbeiten an
einem Leuchtturm auf einer nahegelegenen Insel
eingesetzt wurden, servierte man kein Fleisch mehr. Statt
dessen sollten sie sich mit selbstgefangenem Fisch
ernähren, obwohl die Apachen nichts essen wollten, was
unter Wasser heranwuchs. In „Fort Pickens" bei

*„Fort Marion" in St. Augustine (Florida),
das ehemalige spanische „Castillo de San Marcos",
diente als Internierungslager für gefangene Apachen*

Bild auf Seite 49:

*„Fort Sill" in Oklahoma auf einer vermutlich um 1800
entstandenen Zeichnung*

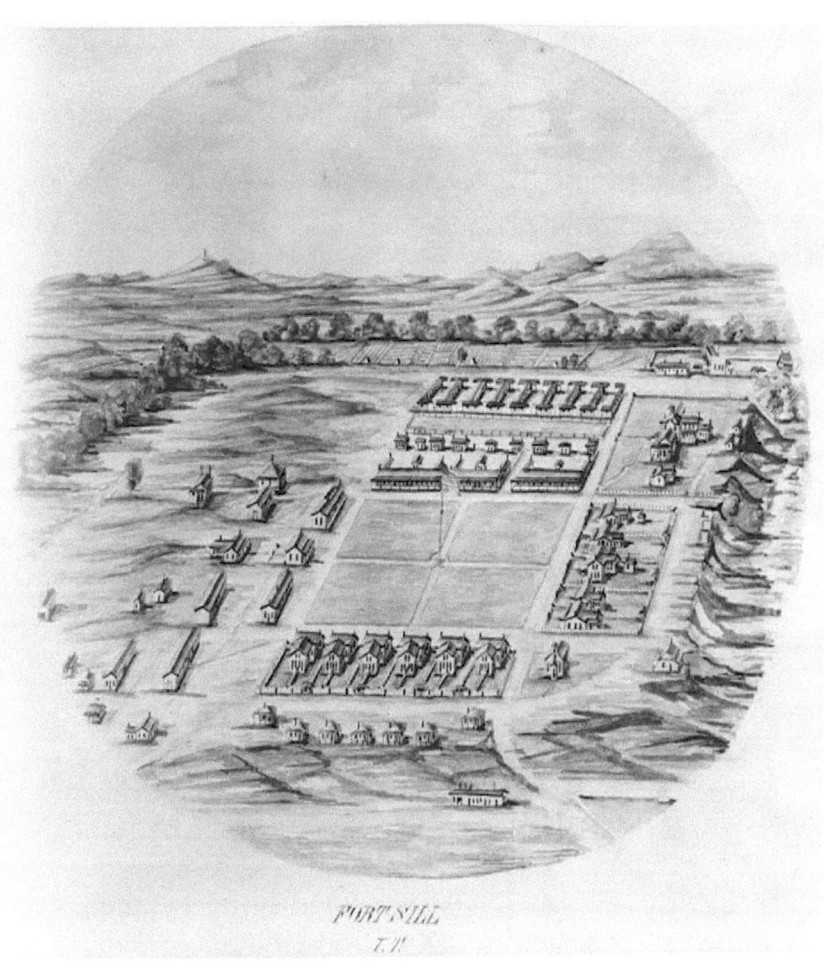

FORT SILL
T. T.

49

Pensacola (Florida) gab es regelmäßig Schweinefleisch, was für Apachen eigentlich ein Tabu war.

Manche Apachenfamilien lebten monatelang getrennt, weil ihre Mitglieder an unterschiedlichen Orten gefangen gehalten wurden. Die in „Fort Pickens" zusammen mit Geronimo eingesperrten Männer beispielsweise führte man nach sechsmonatiger Trennung von ihren in „Fort Marion" untergebrachten Familien im April 1887 wieder in „Fort Pickens" zusammen. Am 13. Mai 1888 siedelte man die in „Fort Pickens" internierten Apachen in die „Mount Vernon Barracks" in Mobile (Alabama) um. Andere gefangene Apachen wurden 1887 aus „Fort Marion" in Florida direkt in die „Mount Vernon Barracks" befördert. Dort litten die Indianer ebenfalls unter dem ungewohnten Klima und schlechter Ernährung.

1887 brachte man auch Lozen als Kriegsgefangene in die „Mount Vernon Barracks" nach Alabama. Wie viele andere eingesperrte Apachen erkrankte sie an Tuberkulose und erlag dieser Krankheit in den „Mount Vernon Barracks". Der deutsche Autor Alfred Wallon bezeichnet 1887 als Todesjahr. Dagegen erwähnt der deutsche Autor Gregor Lutz den Juni 1889 als Todesdatum. In der englischsprachigen „Wikipedia" und von der Autorin Gladys L. Knight wird 1890 als Todesjahr genannt. Man beerdigte Lozen in einem nicht gekennzeichneten Grab. Ihre Freundin Dahteste trauerte um sie bis zu ihrem eigenen Tod im Alter von rund 95 Jahren.

Im März 1897 reiste der amerikanische Maler Elbridge Ayer Burbank (1858–1949) in den Wilden Westen, um im Auftrag seines reichen Onkels Indianerporträts anzufertigen. In Fort „Sill" freundete er sich mit Geronimo an, den er fortan mehrfach malte. Burbank beschrieb Geronimo als älteren, nur etwa 1,65 Meter großen, muskulösen Indianer mit kühnem, scharfsinnigen und von Furchen durchzogenem Gesicht. Der Maler konnte sich nicht vorstellen, dass dieser freundliche alte Herr, der sehr liebenswürdig zu seiner Familie sowie freundlich und großzügig zu seinen Stammesmitgliedern war, „Anführer einer Bande vergewaltigender Wilder" gewesen sein sollte.

Geronimo sattelte am 11. Februar 1909 sein Pferd, ritt von „Fort Sill" nach Lawton, verkaufte dort Bogen und Pfeile an einen Andenkenladen und beschaffte sich verbotenerweise von einem Teil seines Erlöses Whiskey. Am nächsten Morgen erblickte eine Frau ein gesatteltes Pferd ohne Reiter an einem Bach. Halb im Bach lag durchnässt und verfroren der greise Geronimo. Offenbar war er betrunken vom Pferd gefallen und hatte sich eine Lungenentzündung zugezogen. Weil sie sein Fieber nicht senken konnten, lieferten ihn seine Verwandten am 15. Februar 1909 in das kleine Krankenhaus eines Militärpostens ein. Dort starb Geronimo am 17. Februar 1909 gegen 6 Uhr morgens. Bis zum letzten Atemzug hatte ihm Asa Daklugie, der Sohn seines alten Kampfgefährten Juh (um 1820–1883), die Hand gehalten.

Zum ersten Mal in einem Buch erwähnt wurde Lozen von den amerikanischen Schriftstellern Eve Ball und James Kaywakla in dem Werk „In The Days of Victorio"

Geronimo als Gefangener im Jahre 1909

Geronimo beim Bogenbau

*Chihuahua (um 1822–1901),
Anführer der Apachen*

(1970). Darin ist mehrfach auf die geschichtliche Bedeutung von Lozen hingewiesen worden. Ein Grund für ihre relativ späte Entdeckung könnte das Tabu gewesen sein, dass eine Frau männliche indianische Krieger auf deren Raubzügen begleitete. Außerdem betrachteten die Apachen Lozen als heilige Frau und wollten sie vor Kritik und falschen Anschuldigungen beschützen. Nach der Veröffentlichung des Buches von Eve Ball haben sich auch andere Autoren und Autorinnen mit dem abenteuerlichen Leben von Lozen befasst.

Eine faszinierende Frau, die zu Unrecht in Vergessenheit geraten ist, lernt man in dem Roman „Blutige Grenze. Aus dem Leben der Kriegerfrau Lozen" (2007) von Alfred Wallon kennen. Der 1957 in Marburg an der Lahn geborene Autor veröffentlichte bisher mehr als 200 Romane in nahezu allen gängigen Sparten der Spannungs- und Unterhaltungsliteratur. Er gehört zu den wenigen Europäern, die bei den renommierten „Western Writers of America" aufgenommen wurden und ist Mitglied bei den „Western Fictioneers".

Peter Aleshire, der Autor des Buches „Warrior Woman. The Story of Lozen, Apache Warrior and Shaman" (2001), erklärte, Lozen habe an mehr Kämpfen gegen Mexikaner und Amerikaner teilgenommen als die großen Anführer der Apachen wie Cochise, Mangas Coloradas, Juh, Chihuahua (um 1822–1901), Geronimo und ihr Bruder Victorio.

Lucia Saint Clair Robson schrieb in „Die Schwester des Apachen" (2004), Lozen habe ihre große Liebe „Grauer

Geist" dem Überlebenskampf ihrer Brüder und Schwestern geopfert. Bei einer ihrer Visionen habe sie Feuer vom Himmel fallen sehen und geahnt, dass ihre Brüder längst auf den Pfaden des Todes wandeln.

Es sei nicht verschwiegen, dass auch darüber diskutiert wird, ob Lozen überhaupt eine reale oder nur eine fiktive Person ist. Peter Lutz weist in seinem Buch „27 Jahre Kriegsgefangenschaft. Geronimo und der Apachen Widerstand" (2012) darauf hin, dass Lozen in keinem offiziellen Bericht, keiner Rationenliste oder sonstigem Register erwähnt wird. Das angeblich einzige Foto von ihr ist – wie erwähnt – umstritten. Ein registriertes Grab von ihr kennt man nicht. Allerdings sind eine ganze Reihe von verstorbenen Apachen in einem Massengrab beigesetzt worden.

Apachenkrieger beim Skalpieren
eines US-Soldaten

Literatur

ALESHIRE, Peter: Warrior Woman. The Story of Lozen, Apache Warrior and Shaman, New York City 2001

BALL, Eva / KAWAYKLA, James: In The Days Of Victorio. Recollections of a Warm Springs Apache, Tucson 1979

LUTZ, Gregor: 27 Jahre Kriegsgefangenschaft. Geronimo und der Apachen Widerstand, Norderstedt 2012

PROBST, Ernst: Superfrauen aus dem Wilden Westen, München 2008

ROBSON, Lucia Saint Clair: Die Schwester des Apachen, München 2004

WALLON, Alfred: Blutige Grenze. Aus dem Leben der Kriegerfrau Lozen, München 2007

WIKIPEDIA: Geronimo, http://de.wikipedia.org/wiki/Geronimo

WIKIPEDIA: Lozen, http://de.wikipedia.org/wiki/Lozen

WIKIPEDIA: Mangas Coloradas, http://de.wikipedia.org/wiki/Mangas_Coloradas

WIKIPEDIA: Nana, http://de.wikipedia.org/wiki/Nana

WIKIPEDIA: Victorio, http://de.wikipedia.org/wiki/Victorio

WOLF, James Brave: Von nun an bin ich Kriegerin, Berlin 1998

Bildquellen

Autor Ernst Probst

Der Autor

Ernst Probst, geboren am 20. Januar 1946 in Neunburg vorm Wald im bayerischen Regierungsbezirk Oberpfalz, ist Journalist und Wissenschaftsautor. Er arbeitete von 1968 bis 1971 als Redakteur bei den „Nürnberger Nachrichten", von 1971 bis 1973 in der Zentralredaktion des „Ring Nordbayerischer Tageszeitungen" in Bayreuth und von 1973 bis 2001 bei der „Allgemeinen Zeitung", Mainz. In seiner Freizeit schrieb er Artikel für die „Frankfurter Allgemeine Zeitung", „Süddeutsche Zeitung", „Die Welt", „Frankfurter Rundschau", „Neue Zürcher Zeitung", „Tages-Anzeiger", Zürich, „Salzburger Nachrichten", „Die Zeit", „Rheinischer Merkur", „Deutsches Allgemeines Sonntagsblatt", „bild der wissenschaft", „kosmos", „Deutsche Presse-Agentur" (dpa), „Associated Press" (AP) und den „Deutschen Forschungsdienst" (df). Aus seiner Feder stammen die Bücher „Deutschland in der Urzeit" (1986), „Deutschland in der Steinzeit" (1991), „Rekorde der Urzeit" (1992), „Dinosaurier in Deutschland" (1993 zusammen mit Raymund Windolf) und „Deutschland in der Bronzezeit" (1996). Von 2001 bis 2006 betätigte sich Ernst Probst als Buchverleger sowie zeitweise als internationaler Fossilienhändler und Antiquitätenhändler. Insgesamt veröffentlichte er etwa 300 Bücher, Taschenbücher und Broschüren sowie rund 300 E-Books.

Bücher von Ernst Probst

Malinche
Die Gefährtin des spanischen Eroberers

Pocahontas
Die Indianer-Prinzessin aus Virginia

Cockacoeske
Die Königin der Pamunkey

Katerí Tekakwitha
Die erste selige Indianerin in Nordamerika

Saccajawea
Die indianische Volksheldin

Mohongo
Die Indianerin, die in Europa tanzte

Lozen
Die tapfere Kriegerin der Apachen

Superfrauen aus dem Wilden Westen

Superfrauen 1 – Geschichte
Superfrauen 2 – Religion
Superfrauen 3 – Politik
Superfrauen 4 – Wirtschaft und Verkehr

Superfrauen 5 – Wissenschaft
Superfrauen 6 – Medizin
Superfrauen 7 – Film und Theater
Superfrauen 8 – Literatur
Superfrauen 9 – Malerei und Fotografie
Superfrauen 10 – Musik und Tanz
Superfrauen 11 – Feminismus und Familie
Superfrauen 12 – Sport
Superfrauen 13 – Mode und Kosmetik
Superfrauen 14 – Medien und Astrologie

Malende Superfrauen
Sofonisba Anguissola – Frida Kahlo –
Angelika Kauffmann – Paula Modersohn-Becker –
Séraphine Louis – Marianne von Werefkin
Schreibende Superfrauen in Deutschland

Königinnen der Lüfte von A bis Z
Königinnen der Lüfte
Drei Königinnen der Lüfte in Bayern
Thea Knorr – Christl-Marie Schultes – Lisl Schwab
(zusammen mit Josef Eimannsberger)
Königinnen der Lüfte in Deutschland
Königinnen der Lüfte in Frankreich
Königinnen der Lüfte in England, Australien
und Neuseeland
Königinnen der Lüfte in Europa
Königinnen der Lüfte in Amerika

Frauen im Weltall

70

Christl-Marie Schultes.
Die erste Fliegerin in Bayern
(zusammen mit Theo Lederer)
Sturzflüge für Deutschland
Kurzbiografie der Testpilotin Melitta Schenk
Gräfin von Stauffenberg
(zusammen mit Heiko Peter Melle)
Tony und Bruno Werntgen.
Zwei Leben für die Luftfahrt
(zusammen mit Paul Wirtz)

Liesel Bach. Deutschlands erfolgreichste Kunstfliegerin
Melli Beese. Die erste Deutsche mit Pilotenlizenz
Elly Beinhorn. Deutschlands Meisterfliegerin
Marga von Etzdorf. Die tragische deutsche Fliegerin
Luise Hoffmann. Die erste deutsche Einfliegerin
Thea Knorr. Eine frühe Fliegerin in München
Angelika Machinek. Eine Segelfliegerin der Weltklasse
Käthe Paulus. Deutschlands erste Luftschifferin
und Fallschirmspringerin
Thea Rasche. The Flying Fräulein
Wilhelmine Reichard. Die erste Ballfahrerin
in Deutschland
Hanna Reitsch. Die Pilotin der Weltklasse
Lisl Schwab. Eine Kunstfliegerin
aus den 1930-er Jahren
Melitta Gräfin Schenk von Stauffenberg.
Deutsche Heldin mit Gewissensbissen
Beate Uhse. Deutschlands erste Stuntpilotin
Theo Lederer. Ein Flugzeugsammler aus Bayern

Der Ur-Rhein. Rheinhessen
vor zehn Millionen Jahren
Als Mainz noch nicht am Rhein lag
Der Rhein-Elefant. Das Schreckenstier
von Eppelsheim
Krallentiere am Ur-Rhein
Menschenaffen am Ur-Rhein
Säbelzahntiger am Ur-Rhein
Deutschland im Eiszeitalter
Höhlenlöwen. Raubkatzen im Eiszeitalter
Der Höhlenlöwe
Säbelzahnkatzen. Von Machairodus bis zu Smilodon
Der Höhlenbär

Affenmenschen. Von Bigfoot bis zum Yeti
Monstern auf der Spur. Wie die Sagen über Drachen,
Riesen und Einhörner entstanden
Nessie. Das Monsterbuch
Seeungeheuer. 100 Monster von A bis Z
Das Einhorn. Ein Tier, das nie gelebt hat
Drachen. Wie die Sagen über Lindwürmer entstanden
Riesen. Von Agaion bis Ymir

Der Schwarze Peter. Ein Räuber im Hunsrück
und Odenwald
Julchen Blasius. Die Räuberbraut
des Schinderhannes
Hildegard von Bingen. Die deutsche Prophetin
Johann Jakob Kaup. Der große Naturforscher
aus Darmstadt

Der Ball ist ein Sauhund. Weisheiten und Torheiten
über Fußball (zusammen mit Doris Probst)
Worte sind wie Waffen. Weisheiten und Torheiten
über die Medien (zusammen mit Doris Probst)
Schweigen ist nicht immer Gold. Zitate von A bis Z

Bestellungen bei: www.grin.com